GCSE
SPANISH
Booster

First published 2002
exclusively for WHSmith by
Hodder & Stoughton Educational
338 Euston Road
London NW1 3BH

Text: Keith Chambers

Text and illustrations © Hodder & Stoughton Educational 2002

All rights reserved. No part of this publication may be reproduced or transmitted
in any form or by any means, electronic or mechanical, including photocopying,
recording or any information storage and retrieval system, without permission in
writing from the publisher.

A CIP record for this book is available from the British Library.

Prepared by *specialist* publishing services, Milton Keynes

ISBN 0 340 84725 5

Printed and bound by Hobbs The Printers, Totton, Hants

Mapa de España y de los países de habla española

Accents

Spanish only uses one accent – the acute accent (´). It may be used when needed over any vowel: **á é í ó ú**.

You may only use one accent on each word, and this always goes over the stressed vowel.

Spanish only uses the accent when necessary. Its main use is to indicate when a syllable is stressed as an exception to the normal rules.

lápiz	*pencil*	habitación	*room*
física	*physics*	escríbeme	*write to me*

The accent also distinguishes words with different meanings.

si	*if*	tu	*your*
sí	*yes*	tú	*you*

The accent is also used on words which ask a question.

¿qué?	*what?*	¿quién?	*who?*
¿dónde?	*where?*	¿cómo?	*how?*

The accent should be written on demonstratives ***éste/ésta/éstos/éstas, ése/ésa/ésos/ésas, aquél/aquélla/aquéllos/aquéllas*** when they are used as pronouns (i.e. not standing next to a noun).

Mi casa es aquélla.	*My house is that one.*
¿Es éste tu hermano?	*Is this your brother?*

Spanish also has a special letter, **ñ** – an **n** with a squiggle, called a ***tilde*** – which is pronounced **ny**.

España	*Spain*

You occasionally find two dots: only on **u** after **g** before **e** or **i**, when the **u** is pronounced.

vergüenza	*shame*

See also   Alphabet

Adjectives

Most adjectives come after the noun, especially the colours. Some masculine adjectives change their form if you put them in front of a singular noun.

un buen amigo	*a good friend*
un mal ejemplo	*a bad example*
el primer día	*the first day*

Grande changes in front of masculine or feminine nouns.

una gran sorpresa   *a great surprise*

Adjectives have to agree with the nouns they describe, so have different endings, depending on whether they are masculine or feminine, singular or plural.

See also   Agreement, Colours, Comparison, Possessive adjectives

Adverbs

Just as English normally changes an adjective to an adverb by adding –ly, Spanish adds *–mente*.

alegre → alegremente (*happily*)
natural → naturalmente (*naturally*)
normal → normalmente (*normally*)
especial → especialmente (*specially*)

Adjectives which end in **o**: change the **o** to **a** (the feminine) before adding *–mente*.

rápido → rápidamente (*quickly*)
lento → lentamente (*slowly*)

To say **very**, use *muy*.

Estudia **muy** cuidadosamente. *He/She studies very carefully.*

Exam tip

If you also do French, note that some of the words above have different spellings!
Note that adverbs keep any accents already on the adjective.

Agreement

Adjectives have to agree with, or 'match', the nouns they describe. This means that adjectives can have a different form for masculine/feminine, singular/plural.

Usually, however, only those masculine adjectives which end in **o** have a different feminine form in **a**.

alto → alta (*tall*)   guapo → guapa (*good-looking*)   viejo → vieja (*old*)

Continued overleaf

3

Adjectives ending in **e** (like *elegante*, *verde*, *interesante*) do not change.

In the plural, all adjectives add **s** to the appropriate feminine form.

> altos, altas   guapos, guapas   viejos, viejas
> elegantes   verdes   interesantes

Adjectives ending in **or** have a feminine form ending in **a**.

> hablador → habladora (*talkative*)
> trabajador → trabajadora (*hard-working*)

Some special adjectives of comparison do not have a feminine form:

> mejor/peor (*better/worse*)
> mayor/menor (*elder/younger*)
> superior/inferior (*upper/lower*)

Exam tip

Adjectives that show nationality don't use capital letters, but all have a feminine form.

> **español → española (*Spanish*)**
> **inglés → inglesa (*English*)**
> **alemán → alemana (*German*)**

See also   Adjectives, Colours

Alphabet

These are the names of the letters in Spanish in case you need to spell a name or a word. Just say them out loud to practise!

a	a	j	jota	r	ere
b	be	k	ka	rr	ere doble
c	ce	l	ele	s	ese
ch	che	ll	elle	t	te
d	de	m	eme	u	u
e	e	n	ene	v	uve
f	efe	ñ	eñe	w	uve doble
g	ge	o	o	x	equis
h	ache	p	pe	y	i griega
i	i	q	cu	z	zeta

¿Cómo se escribe ... ?   *How do you write/spell ... ?*

In some older dictionaries, the letter groups **ch** and **ll** are considered as separate letters, and can be found following **c** and **l** in alphabetical order. In modern dictionaries, however, alphabetical order is the same as English, except for **ñ**, which follows **n**.

Animals

Pets

el caballo	*horse*	el papagayo	*parrot*
el conejillo de Indias	*guinea pig*	el perro	*dog*
		el pez de colores	*goldfish*
el conejo	*rabbit*	la rata	*rat*
el gato	*cat*	el ratón	*mouse*
el hámster	*hamster*	la serpiente	*snake*
el loro	*parrot*	la tortuga	*tortoise, turtle*
el pájaro	*bird*		

Farm animals

el burro	*donkey*	el ganso	*goose*
la cabra	*goat*	la oveja	*sheep*
el cerdo	*pig*	el pato	*duck*
el cordero	*lamb*	el toro	*bull*
la gallina	*hen*	la vaca	*cow*

Wild animals

la cebra	*zebra*	el mono	*monkey*
el elefante	*elephant*	el león	*lion*
el oso	*bear*	el tigre	*tiger*

Appearance and descriptions

Size, shape and personality

Use the correct form of the verb *ser*: *soy* (I am) or *es* (he/she is).

Soy (bastante, muy) ...		I am (quite, very) ...	
	alto.		tall.
	antipático.		unpleasant.
	bajo.		short.
	bonito.		pretty.
	delgado.		slim.
	egoísta.		selfish.
	estúpido.		stupid.
	feo.		ugly.
	gordo.		fat.
	grande.		tall.
	guapo.		good-looking.
	hablador.		talkative.
	inteligente.		intelligent.
	malhumorado.		bad-tempered.
	modesto.		modest.
	perezoso.		lazy.
	simpático.		nice, kind.
	tímido.		shy.
	trabajador.		hard-working.

Exam tip

Don't forget to use the appropriate masculine/feminine agreements!

See also   Agreement, Be

Hair and eyes

Use the correct form of the verb *tener*: *tengo* (I have) or *tiene* (he/she has).

Tengo el pelo		I have		
	blanco.		white	hair.
	castaño.		brown	
	gris.		grey	
	negro.		black	
	rojo.		red	
	rubio.		blond, fair	
	corto.		short	
	largo.		long	

	liso.			straight
	rizado.			curly
Tengo	una barba.	*I have*		*a beard.*
	un bigote.			*a moustache.*
Tengo los ojos	azules.	*I have*	*blue*	*eyes.*
	grises.		*grey*	
	verdes.		*green*	
	marrones.		*brown*	
	negros.		*black*	
Uso gafas.		*I wear glasses.*		
Usa lentes de contacto.		*He/She wears contact lenses.*		

Be

Spanish has two verbs for **to be** – *ser* and *estar*. Learn them carefully.

Ser

Use *ser* when you say what something is.

Madrid **es** la capital de España.	*Madrid is the capital of Spain.*
Este edificio **es** la escuela.	*This building is the school.*

Exam tip

Always use *ser* + a noun.
Mi hermana era estudiante.   ***My sister was a student.***

Estar

Use *estar* when you are saying where something or someone is.

Madrid **está** en España.	*Madrid is in Spain.*
Los niños **están** en la escuela.	*The children are at school.*

With adjectives, use *ser* to describe the nature of something or someone, and *estar* to show how something seems on a particular occasion, or has changed.

Mi padre **es** inteligente.	*My father is clever.*
María **es** feliz.	*Mary is a happy person.*
Julio **está** enfadado.	*Julio is angry.*
El mar no **está** tranquilo hoy.	*The sea isn't calm today.*
María **está** contenta porque hoy es fiesta.	*Mary is happy because today is a holiday.*

7

Body

Parts of the body

la boca	*mouth*	el hombro	*shoulder*
el brazo	*arm*	la mano	*hand*
la cabeza	*head*	la muñeca	*wrist*
el codo	*elbow*	la nariz	*nose*
el corazón	*heart*	el ojo	*eye*
el cuello	*neck*	la oreja	*ear*
el dedo	*finger*	el pecho	*chest*
el dedo del pie	*toe*	el pie	*foot*
el diente	*tooth*	la pierna	*leg*
la espalda	*back*	la rodilla	*knee*
el estómago	*stomach*	la sangre	*blood*
la garganta	*throat*	el tobillo	*ankle*

To say something hurts, use ***me duele/me duelen***.

Me duele (mucho) la cabeza.	*My head aches (a lot).*
Me duelen (mucho) los pies.	*My feet ache (a lot).*

See also   Health

Cinema

Me gusta el cine muchísimo.	*I like (going to) the cinema very much.*

Types of film

Prefiero	una película cómica.	*I prefer*	*a comedy.*
	una película romántica.		*a romantic film.*
	una película de aventura.		*an adventure film.*
	una película de ciencia-ficción.		*a sci-fi film.*
	una película de detectives.		*a detective film.*
	una película de terror.		*a horror film.*
	los dibujos animados.		*cartoons.*

Also useful

sacar entradas	*to buy tickets*
la sesión	*performance*

la estrella	*film star*		
¿A qué hora termina la sesión?	*What time does the performance/showing end?*		
No me gusta nada esa estrella de cine.	*I don't like that film star at all.*		

Clothes

Use the correct form of the verb *llevar*: *llevo* (I wear) or *lleva* (he/she wears).

un abrigo	*overcoat*	una falda	*skirt*
una blusa	*blouse*	un jersey	*pullover, jumper*
unas botas	*boots*	unas medias	*tights*
unos calcetines	*socks*	un pantalón	*(pair of) trousers*
una camisa	*shirt*	un pijama	*(pair of) pyjamas*
una camiseta	*T-shirt*	un traje	*suit*
una chaqueta	*jacket*	un traje de baño	*bathing costume*
una chaqueta de lana	*cardigan*	un vestido	*dress*
un chándal	*tracksuit*	unos vaqueros	*jeans*
un cinturón	*belt*	unas zapatillas	
una corbata	*tie*	de deportes	*trainers*
una correa	*belt*	unos zapatos	*shoes*

Es/Son de	algodón.	*It's/They're made of*	*cotton.*
	cuero.		*leather.*
	lana.		*wool.*
	nailon.		*nylon.*
	seda.		*silk.*

Colours

amarillo	*yellow*	negro	*black*
azul	*blue*	purpúreo	*purple*
blanco	*white*	rojo	*red*
gris	*grey*	rosado	*pink*
marrón	*brown*	verde	*green*

Exam tip

Remember that colours normally come after and must agree with the noun.

Continued overleaf

being described. Only the colours ending in *o* have a separate feminine form.

Look at these plural forms.

azul → azules   gris → grises   marrón → marrones

Colours used with *claro, oscuro* (light, dark) do not change.

| calcetines rojo oscuro | dark-red socks |
| Lleva una falda amarillo claro. | She is wearing a light yellow skirt. |

See also   Adjectives, Agreement

Comparison

To compare two things, use *más* (more) or *menos* (less) with an adjective.

El español es difícil.	Spanish is hard.
El latín es **más difícil**.	Latin is harder.
Esta casa es cara.	This house is expensive.
Esta casa es **menos cara**.	This house is less expensive.

To say **than**, use *que*.

| Felipe es **más inteligente que** su hermana. | Felipe is cleverer than his sister. |
| Luisa es **menos habladora que** Julio. | Luisa is less talkative than Julio. |

Conditions

To say what you would do in certain circumstances, put **–ía** after the infinitive to form the conditional tense.

| Compraría un coche. | I would buy a car. |

When you explain what those circumstances would be, however, things get a bit more complicated, as you need to use *si* (if) with a past subjunctive verb (don't worry!). Here are some useful examples you can learn.

Si tuviera mucho dinero, iría a España.	If I had a lot of money, I would go to Spain.
Si pudiera,	If I could,
Si fuera rico/rica,	If I were rich,
Si hubiera tiempo,	If there were time,

Countries

Countries are masculine unless they end in an *unstressed* **a** (most of the common ones do!).

Gran Bretaña	*Great Britain*	Gales	*Wales*
El Reino Unido	*the United Kingdom*	Escocia	*Scotland*
Inglaterra	*England*	Irlanda del Norte	*Northern Ireland*
España	*Spain*	Castilla	*Castile*
Cataluña	*Catalonia*	Andalucía	*Andalusia*
El País Vasco	*the Basque Country*	Las Canarias	*the Canary Islands*
Australia	*Australia*	Irlanda	*Ireland*
Alemania	*Germany*	Italia	*Italy*
Argentina	*Argentina*	Luxemburgo	*Luxembourg*
Austria	*Austria*	Méjico/México	*Mexico*
Bélgica	*Belgium*	Noruega	*Norway*
Canadá	*Canada*	Nueva Zelanda	*New Zealand*
Chile	*Chile*	Perú	*Peru*
China	*China*	Polonia	*Poland*
Colombia	*Colombia*	Portugal	*Portugal*
Dinamarca	*Denmark*	Rusia	*Russia*
Los Estados Unidos	*the United States*	Suecia	*Sweden*
Francia	*France*	Suiza	*Switzerland*
Grecia	*Greece*	Tailandia	*Thailand*
Holanda	*Holland*	Turquía	*Turkey*
Europa	*Europe*		
América del sur	*South America*	América del norte	*North America*

To say **in** a country, use *en* in all cases. To say **to** a country, use *a* in all cases.

> Estamos de vacaciones en Inglaterra pero el año que viene vamos a Mallorca.
> *We are on holiday in England, but next year we're going to Majorca.*

Exam tip

Unlike French, Spanish rarely puts *el* or *la* in front of a country.
The only country that is commonly abbreviated is *Los Estados Unidos*, which is sometimes written *EE.UU*.

Days of the week

lunes	*Monday*	viernes	*Friday*
martes	*Tuesday*	sábado	*Saturday*
miércoles	*Wednesday*	domingo	*Sunday*
jueves	*Thursday*		

To say **on –day**, use **el**. To say **on –days**, use **los**.

el lunes, los lunes	*on Monday, on Mondays*
el sábado, los sábados	*on Saturday, on Saturdays*
los fines de semana	*(at) weekends*
por la mañana	*in/during the morning*
por la tarde	*in/during the afternoon, evening*
por la noche	*at night*
por la madrugada	*in the early hours*

Trabajo por la mañana y descanso por la tarde.
I work in the morning and rest in the afternoon.

todos los días	*every day*
todas las noches	*every night*
todos los fines de semana	*every weekend*

Exam tip

Remember that the days of the week don't have capital letters in Spanish.

Drink

el café	*coffee*
el café con leche	*milky coffee*
el café cortado	*black coffee with dash of milk*
el té	*tea*
el té con limón	*lemon tea*
el chocolate caliente	*hot chocolate*
la leche	*milk*
la leche caliente/fría	*hot/cold milk*
el refresco	*cold (non-alcoholic) drink*
el agua (f.) mineral	
con gas/sin gas	*fizzy/still mineral water*
el zumo de naranja/limón	*orange/lemon juice*

el granizado de limón	*lemon slush*
el hielo	*ice*
la tónica	*tonic water*
la cerveza	*beer*
la caña	*small glass of beer*
el vino blanco	*white wine*
el vino tinto	*red wine*
una botella	*a bottle*
media botella	*a half-bottle*

Eating out

Places to eat and drink

el restaurante	*restaurant*	el mesón	*tavern*
el comedor	*dining room, canteen*	el bar	*bar*
la cafetería	*café*	la taberna	*pub*
la bodega	*wine bar*		

People

el camarero	*waiter*	el/la cliente	*customer*
la camarera	*waitress*	el dueño/ la dueña	*owner*
el cajero/ la cajera	*cashier*		

General

el menú del día	*fixed-price menu*
el pescado	*fish*
el postre	*dessert*
de primero/segundo	*for the first/second course*
la carne	*meat*
la carta	*menu*
la cuenta	*bill*
la especialidad de la casa	*the speciality of the restaurant*
la propina	*tip*
los entremeses	*starters*
una mesa para cuatro	*a table for four*
una reserva	*a reservation*
Me encanta la comida china.	*I love Chinese food.*
No me apetece.	*I don't feel like it.*
¿Para beber?	*What would you like to drink?*
Te invito yo.	*It's on me./It's my treat!*

Environment

el aire	*air*	la luna	*moon*
la capa de ozono	*ozone layer*	el medio ambiente	*environment*
la conservación	*conservation*	el mundo	*world*
la contaminación		la naturaleza	*nature*
atmosférica	*pollution*	el planeta	*planet*
el ecosistema	*ecosystem*	la selva tropical	*rainforest*
el efecto invernadero	*greenhouse*	el sol	*sun*
	effect	la tierra	*earth*
la energía	*energy*	el tráfico	*traffic*
la lluvia ácida	*acid rain*		

See also   Home area

Family

el padre	*father*	el hijo único	*only child*
la madre	*mother*	el hermano	*brother*
los padres	*parents*	la hermana	*sister*
el hijo	*son*	los hermanos	*brothers and sisters*
la hija	*daughter*	el gemelo	*twin*
los hijos	*children*		
el marido	*husband*	el esposo	*husband*
la mujer	*wife*	la esposa	*wife*

los parientes	*relatives*		
el abuelo	*grandfather*	el nieto	*grandson*
la abuela	*grandmother*	la nieta	*granddaughter*
los abuelos	*grandparents*	los nietos	*grandchildren*
el tío	*uncle*	el sobrino	*nephew*
la tía	*aunt*	la sobrina	*niece*
los tíos	*aunts and uncles*	los sobrinos	*nieces and nephews*
el primo	*cousin (m.)*	la prima	*cousin (f.)*
el cuñado	*brother-in-law*	la cuñada	*sister-in-law*
el suegro	*father-in-law*	la suegra	*mother-in-law*

Exam tip

Remember *los padres* = parents; *los parientes* = relatives.

Food

la comida	food		
la carne	meat	el solomillo	best steak
la carne de vaca	beef	la chuleta	chop
la carne picada	minced meat	la hamburguesa	hamburger
la ternera	veal	el perrito caliente	hot dog
el cerdo	pork	la salchicha	sausage
el cordero	lamb	el jamón	ham
el pollo	chicken	el bifstec/el filete	steak
el pavo	turkey		
el pescado	fish	la trucha	trout
los mariscos	shellfish	el besugo	bream
la sardina	sardine	las gambas	prawns
la merluza	hake	los mejillones	mussels
el salmón	salmon		
la ensalada	salad	el tomate	tomato
la ensalada mixta	mixed salad	la lechuga	lettuce
la mayonesa	mayonnaise	el pepino	cucumber
las legumbres	vegetables	la zanahoria	carrot
la verdura	greens	la cebolla	onion
la col	cabbage	el champiñón	small mushroom
la coliflor	cauliflower	la seta	wild mushroom
las coles de Bruselas	brussels sprouts	el pimiento	green/red pepper
el haba (f.)	bean	el ajo	garlic
las judías verdes	green/french beans	la patata	potato
los guisantes	peas	las patatas fritas	chips
la leche	milk	el queso	cheese
el pan	bread	el huevo	egg
la mantequilla	butter	el yogur	yoghurt
la sal	salt	la pimienta	pepper
muy hecho	well done (meat)	asado	roast
poco hecho	rare (meat)	una lata de ...	a tin of ...
picante	hot, spicy	una docena de ...	a dozen ...
al horno	cooked in the oven	una botella de ...	a bottle of ...
a la romana	in batter	medio kilo de ...	half a kilogramme
a la plancha	grilled		of ...
frito	fried	cien gramos	
cocido	boiled	de ...	100 grammes of ...

Free time – at home

dibujar	*draw*	la lectura	*reading*
jugar a las cartas	*play cards*	el ordenador	*computer*
jugar a las damas	*play draughts*	el correo	
jugar al ajedrez	*play chess*	electrónico	*e-mail*
leer	*read*	el videojuego	*video/computer*
el tiempo libre	*free time*		*game*

escuchar la música	*listen to music*
tocar un instrumento	*play an instrument*
ver la television	*watch television*

See also Like

Free time – going out

Places to go

la bolera	*bowling alley*	el estadio de fútbol	*football stadium*
el cine	*cinema*	el polideportivo	*sports centre*
el teatro	*theatre*	la piscina	*swimming pool*
la discoteca	*disco/club*	la pista de patinar	*skating rink*
el bar	*bar, pub*	el parque	*park*

bailar en una disco	*dance at a disco*
cantar en un coro	*sing in a choir*
charlar con amigos	*chat with friends*
coleccionar discos	*collect records*
criticar a la gente	*gossip about people*
hacer el vago	*mooch about aimlessly*
hacer footing	*go jogging*
ir de tiendas	*go shopping*
montar a caballo	*go (horse)riding*
participar en concursos (de fotografía)	*go in for (photo) competitions*
participar en un intercambio	*take part in an exchange*
pasear en el campo	*walk in the country*
pescar en el río	*fish in the river*
salir con mi novio/novia	*go out with my boy/girlfriend*
tocar en una orquesta	*play in an orchestra*

tocar la batería en un grupo	*play the drums in a group*		
ver un partido de fútbol	*watch a football match*		
visitar a mis abuelos	*visit my grandparents*		

See also Like

Friends

el amigo	*friend (m.)*	la amiga	*friend (f.)*
el novio	*boyfriend*	la novia	*girlfriend*
los compañeros de clase	*classmates*	el/la corresponsal	*penfriend*
¡Vamos, chicos!	*Let's go, guys!*		

See also Appearance and descriptions, Personality

Future

The easiest way to talk about the future is to use the expression **voy a** plus an infinitive, as in English **I am going to ...**

Mañana **voy a estudiar**.	*Tomorrow I'm going to study.*
Vamos a salir pronto.	*We'll be going out soon.*

Exam tip

You can also use the verb *pensar* followed by an infinitive to show intention.

La semana que viene piensa visitarnos.
Next week he/she intends to visit us.

Don't forget the *a*!

Gender

In Spanish, all nouns are either masculine or feminine. This gender of the noun also affects the form of the adjective used with it (see **Agreement**). In most dictionaries, nouns have (m.) or (f.) after them to indicate the gender.

Continued overleaf

The definite article

el = *the* (masculine singular)

el coche	*the car*	**el** lápiz	*the pencil*
el ordenador	*the computer*	**el** hermano	*the brother*

la = *the* (feminine singular)

la ciudad	*the town, city*	**la** leche	*the milk*
la habitación	*the room*	**la** iglesia	*the church*

El is used instead of *la* with a feminine singular noun which starts with a stressed **a–** or **ha–**.

el agua	*the water*	**el ha**mbre	*the hunger*

In the plural, *los* (masculine) and *las* (feminine) are the words for **the**.

los hombres	*the men*	**las** mujeres	*the women*

The indefinite article

un = *a* (masculine)

un vaso	*a glass*	**un** hijo	*a son*

una = *a* (feminine)

una casa	*a house*	**una** tienda	*a shop*

The plural forms (*unos/unas*) sometimes mean **some** or **a few**.

Necesito **unos** libros.	*I need some books.*
Tengo **unas** revistas españolas.	*I've got some Spanish magazines.*

Spanish often misses out the word for **some** or **any,** as in English.

¿Tienes ideas?	*Have you got any ideas?*
Quiero pan.	*I want (some) bread.*

Genders – how to recognise them.

Most nouns ending in **–o** are masculine.

Most nouns ending in **–a** are feminine.

All nouns ending in **–dad, –tad, –tud** and **–umbre** are feminine.

la universidad	*university*	la facultad	*faculty*
la juventud	*youth*	la muchedumbre	*crowd*

Exam tip

Learn these common exceptions!

el día	*day*	**la mano**	*hand*

el mapa	*map*	la radio	*radio*
el problema	*problem*	la foto	*photo*
el futbolista	*football player*	la disco	*disco*
el atleta	*athlete*	la moto	*motorbike*
el programa	*programme*		

Going out, making arrangements

De acuerdo.
Vale. } *OK, Agreed.*
Está bien.

Mañana me viene bien.	*Tomorrow suits me fine.*
Lo siento, pero ...	*I'm sorry, but ...*
No puedo.	*I can't.*
¿Te conviene?	*Is that all right with you?*
Hasta las ocho.	*Until eight o'clock/See you at eight o'clock.*
Hasta luego.	*Bye for now.*
Me gustaría mucho.	*I'd like to.*
No tengo ganas.	*I don't feel like it.*
¡Qué bien!	*That's great!*

On the phone

¡Diga!	*Hello? (answering the phone)*
¿Está Luisa?	*Is Louise there?*
¿Eres tú, Juan?	*Is that you, John?*
Soy yo.	*Speaking.*
¿A qué hora empieza/ termina la película?	*What time does the film start/end?*
¿Dónde quedamos?	*Where shall we meet up?*

Hay

Hay is used in descriptions and means *there is* or *there are*.

En mi jardín hay muchas flores.	*In my garden there are many flowers.*
No hay restaurantes aquí.	*There aren't any restaurants here.*

For descriptions in the past, use the imperfect **había**.

Había un cine en la plaza.	*There used to be a cinema on the square.*

Health

¿Qué pasa?	*What's up?*
No me siento bien	*I don't feel well.*
Estoy malo/mala.	*I'm unwell.*
Estoy enfermo/enferma.	*I'm really ill.*

To say that something hurts, use **Me duele(n)** + part of the body.

Me duele la cabeza.	*I have a headache.*
Me duele el estómago.	*My stomach hurts/I have a stomach ache.*
Me duelen los pies.	*My feet hurt.*
Me duelen los dientes.	*My teeth hurt/I have toothache.*
Estoy constipado/ constipada.	*I've got a cold.*
Tengo la gripe.	*I've got flu.*
Tengo fiebre.	*I've got a temperature.*
Me he roto la pierna.	*I've broken my leg.*
Me he torcido el tobillo.	*I've twisted my ankle.*
Voy al médico.	*I'm going to the doctor.*
Ayer fui al dentista.	*Yesterday I went to the dentist.*
Está en el hospital.	*He/She is in hospital.*

la cita	*appointment*	la farmacia	*chemist's*
el consultorio	*surgery*	las pastillas	*tablets*
la receta	*prescription*	la medicina	*medicine*

See also Body

Holidays

las vacaciones	*holidays*	el hotel	*hotel*
la fiesta	*festival*	la pensión	*guesthouse, small hotel*
el viaje	*journey*	la casita	*cottage*
viajar	*to travel*	el albergue juvenil	*youth hostel*
el vuelo	*flight*	el camping	*campsite*
volar	*to fly*	la tienda de campaña	*tent*
el pasaporte	*passport*	el chalet	*chalet*
la maleta	*suitcase*	el cambio	*exchange bureau*
la bolsa	*bag*	la cartera	*wallet*
la mochila	*rucksack*		

los cheques de viaje		*traveller's cheques*	
la tarjeta de crédito		*credit card*	
la estación de trenes/autobuses		*the train/bus station*	
el aeropuerto		*the airport*	
en la playa		*at/on the beach*	
en la sierra		*in the mountains*	
en el campo		*in the countryside*	

Voy a la playa. — *I'm going to the beach.*
Estoy de vacaciones. — *I'm on holiday.*
Vamos de vacaciones. — *We're going on holiday.*
Fuimos de vacaciones. — *We went on holiday.*
Compartimos el piso con otra familia. — *We share(d) the flat with another family.*

See also Hotels

Home area

el barrio	*suburb*	las afueras	*outskirts*
la calle	*street*	el pueblo	*village, small town*
la carretera	*road*	la aldea	*village*
la ciudad	*city, large town*	el centro	*town/city centre*
tranquilo	*quiet*	sucio	*dirty*
ruidoso	*noisy*	aburrido	*boring*
industrial	*industrial*	vivo	*lively*
limpio	*clean*	histórico	*historic*

Vivo a diez kilómetros del instituto. — *I live 10km from school.*

See also Environment, Town

Hotels

el hotel	*hotel*	la reserva	*reservation*
el hotel de lujo	*luxury hotel*	completo	*full up*
		el precio	*price*
el hotel de tres estrellas	*three-star hotel*	la pensión completa	*full board*
		el desayuno	*breakfast*
		el IVA	*tax*

Continued overleaf

21

la habitación	room	doble	double
la cama	bed	la ducha	shower
individual	single	el baño	bath(room)

House and home

la casa	house
en casa	at home
el piso	flat
el bloque de pisos	block of flats
la manzana	block
el primer piso	first floor
la planta baja	ground floor
arriba	upstairs
abajo	downstairs
la escalera	stairs
el garaje	garage
el balcón	balcony
el invernadero	conservatory, greenhouse

el comedor	dining room
el salón	living room
la cocina	kitchen
el despacho	study
los servicios	lavatory, toilet
el cuarto de baño	bathroom
la ducha	shower
el desván	attic
la bodega	cellar
el vestíbulo/el hall	entrance hall
el dormitorio	bedroom
la terraza	terrace, patio
el jardín	garden

los muebles	furniture
el armario	cupboard
el cajón	drawer
el estante	shelf
el sillón	armchair
el sofá	sofa

el televisor	television set
la alfombra	carpet
la cama	bed
la cómoda	chest of drawers
la mesa	table
la silla	chair

En mi casa somos cuatro.
Vivo en una casa de dos pisos.
No tenemos calefacción central.
Los abuelos viven con nosotros.
Mi hermana mayor ya no vive en casa.

There are four of us at home.
I live in a two-storey house.
We don't have central heating.
My grandparents live with us.
My elder/eldest sister no longer lives at home.

Household jobs

los quehaceres	chores	pasar la aspiradora	do the vacuuming
las tareas domésticas	household tasks	lavar la ropa	do the washing
en desorden	in a mess	fregar los platos	do the dishes
la lavadora	washing machine	arreglar el dormitorio	tidy the bedroom
el lavaplatos/ lavavajilla	dishwasher	poner la mesa	lay the table
la nevera	fridge	preparar la comida	cook the meal
la congeladora	freezer	hacer de canguro	baby-sit
el microondas	microwave		
la cocina	cooker		
la aspiradora	vacuum cleaner		
limpiar la habitación	clean the room		

Jobs and employment

el albañil	builder	el/la estudiante	student
el bombero	firefighter	el granjero	farmer
el/la camarero/a	waiter/waitress	el ingeniero	engineer
el canguro	baby-sitter	el mecánico	mechanic
el cartero	postman	el médico	doctor
el/la cocinero/a	cook, chef	el obrero	manual worker
el/la conductor/a	driver	el/la peluquero/a	hairdresser
el/la contable	accountant	el/la policía	police officer
el/la dependiente/ dependienta	shop assistant	el/la profesor/a	teacher
		el veterinario	vet

Quiero hacerme ...	I want to be a ...
Mi amigo trabaja de ...	My friend is a ...

Trabaja en	una fábrica.	He/She works	in a factory.
	una oficina.		in an office.
	una tienda.		in a shop.
	casa.		at home.

el/la empleado/a	employee	a tiempo completo	full-time
el puesto	job	a tiempo parcial	part-time
la carrera	career	la entrevista	interview

Letters

Informal letters

At the top of the letter, instead of a full address, just write your town and the date.

Newtown, 2 de febrero de 2002

When you write to a friend, start **Querido (Juan):/Querida (Juana):** Put two dots (:) after the heading.

End with the following and add your name.

Escríbeme pronto.	*Write soon.*
Un abrazo de ...	*Best wishes from ...*

Remember to use the **tú** form in your letter.

Formal letters

If you are writing a formal letter, you will need to use the **usted** form.

If you don't know the person, start with one of the following.

Muy señor mío:	*Dear Sir*
Muy señora mía:	*Dear Madam*
Muy señores míos:	*Dear Sirs*

End the letter with **Atentamente** (Yours faithfully) in all cases.

If you know the person already, you can also start ...

Estimado señor (López):	*Dear Mr (López),*
Estimada señora (Sánchez):	*Dear Mrs (Sánchez),*

... and end with **Cordialmente** (Best regards).

There are other forms of letter writing, but these will always get you by!

Also useful:

el sello	*stamp*	el buzón	*letterbox*
el sobre	*envelope*	echar una carta	*to post a letter*
el papel	*paper*	enviar/mandar	*to send*
(la oficina de) Correos	*post office*	a vuelta de correo	*by return of post*

Siento mucho no haber escrito antes.	*I'm very sorry I haven't written sooner.*
Mis saludos a tu famila.	*Best wishes to your family.*
He recibido su atenta carta.	*Thank you for your letter. (formal)*

Exam tip

Don't mix up *la carta* (letter) and *la tarjeta/postal* (postcard).

Like

Spanish uses the verb **gustar** (to be pleasing). The thing or things you like become the subject of the expression. Use **gusta** if one thing is liked, **gustan** if more than one thing.

One thing

me gusta	*I like*	nos gusta	*we like*
te gusta	*you like*	os gusta	*you like*
le gusta	*he, she, it likes; you like*	les gusta	*they, you like*

Me gusta el fútbol.	*I like football.*
No me gusta leer.	*I don't like reading.*

More than one thing

me gustan	nos gustan
te gustan	os gustan
le gustan	les gustan

Me gustan los deportes.	*I like sports.*
No le gustan las patatas.	*He/She doesn't like potatoes.*

If you mention a particular person, put **a** in front.

A Juan le gusta el vino.	*Juan likes wine.*
A mis padres no les gusta la televisión.	*My parents don't like television.*

Exam tip

Gustar causes a lot of problems in exams. Try to learn some expressions to help you remember how to use it correctly.

Encantar (to love, like a lot) works in the same way.

Me encantan las películas de terror.	***I love horror films.***
A María le encanta la música.	***Mary loves music.***

See also Opinions

Linking words and expressions

These are useful to help your Spanish flow in a more natural way. They are particularly useful when you write a story or a letter.

y	*and*	antes	*before*
pero	*but*	después	*afterwards*
sin embargo	*however*	finalmente	*finally*
no obstante	*nevertheless*	al fin/por fin	*at last*
primero	*first*	de repente	*suddenly*
luego	*then, next*	en seguida	*immediately*
entonces	*then, at that time*		

Exam tip

Remember to change *y* to *e* in front of a word beginning with *i–* or *hi–*.
Hablo español e inglés.   *I speak Spanish and English.*

***Pero (but)* is changed to *sino* when you say *not one thing but another*.**
No habla inglés sino español.   *He/she doesn't speak English but Spanish.*

The expression *en fin* means *to sum up, in short*, not *at last*!

Meals

el desayuno	*breakfast*	la cena	*evening meal*
el almuerzo/la comida	*lunch*	la merienda	*afternoon tea/snack; picnic*

The associated verbs are

desayunar	cenar
almorzar/comer	merendar
Desayuno tostadas y café.	*I have toast and coffee for breakfast.*

Also useful:

la comida rápida	*fast food*
la hamburguesa	*hamburger*
el perrito caliente	*hot dog*
para llevar	*to take away/out*
Soy vegetariano/a.	*I am a vegetarian.*

See also   Eating out, Food

Media – general

el cine	*cinema*	el periódico	*newspaper*
el teatro	*theatre*	la revista	*magazine*
la prensa	*press*	la radio	*radio*
la prensa amarilla	*popular press*	la televisión	*television*
diario	*daily*	mensual	*monthly*
semanal	*weekly*	anual	*annually*

See also Opinions

Money

el billete	*bank note*	la peseta	*peseta*
la moneda	*coin*	la libra (esterlina)	*pound sterling (£)*
el dinero (de bolsillo)	*(pocket) money*	el dólar	*dollar*
el euro	*euro*	el cambio	*(ex)change*

Use one of the following expressions to ask how much something costs:

¿Cuánto cuesta(n)?	¿Cuánto es/son?
¿Cuánto vale?	¿Qué precio tiene(n)?
Lo siento, no tengo suelto.	*I'm sorry, I haven't any loose change.*
una moneda de quinientas	*a 500 (peseta) coin*
una moneda de cien	*a 100 (peseta) coin*
el cajero automático	*cash machine*

Exam tip

Don't mix up *el dinero* (money) and *la moneda* (coin)!

Months of the year and seasons

Months

enero	*January*	julio	*July*
febrero	*February*	agosto	*August*
marzo	*March*	septiembre	*September*
abril	*April*	octubre	*October*
mayo	*May*	noviembre	*November*
junio	*June*	diciembre	*December*

Continued overleaf

Seasons

las estaciones del año		*the seasons of the year*	
la primavera	*spring*	el verano	*summer*
el otoño	*autumn*	el invierno	*winter*

You use **en** (in) with months and seasons.

Mi cumpleaños es **en** julio.   *My birthday is in July.*

> **Exam tip**
>
> Although the months are easily recognised from the English, take special care with the Spanish spellings! Months are usually written with a small letter.

Music

la música clásica	*classical music*
la música pop	*pop music*
la música popular/folklórica	*folk music*
la banda	*band*
la orquesta	*orchestra*
el conjunto/grupo	*group*
la gira	*tour*

el disco	*record*	el/la artista	*artist*
el disco compacto/CD	*CD*	el/la cantante	*singer*
el walkman	*Walkman*	la canción	*song*
los auriculares	*earphones*	el compás	*beat*
el estéreo	*stereo system*	el ritmo	*rhythm*
el elepé	*album, LP*		

Many styles of music use the English name: **el rock, el rap, la música garaje,** etc.

Tengo una colección de discos.	*I have a record collection.*
Me gusta coleccionar los CDs.	*I like collecting CDs.*

> **Exam tip**
>
> Remember: **el disco** (record), but **la disco** (disco).

Numbers

Cardinal

1	uno, un, una	11	once	21	veintiuno, veintiún, veintiuna
2	dos	12	doce	22	veintidós
3	tres	13	trece	23	veintitrés
4	cuatro	14	catorce	24	veinticuatro
5	cinco	15	quince	25	veinticinco
6	seis	16	dieciséis	26	veintiséis
7	siete	17	diecisiete	27	veintisiete
8	ocho	18	dieciocho	28	veintiocho
9	nueve	19	diecinueve	29	veintinueve
10	diez	20	veinte	30	treinta

31 treinta y uno, un, una   32 treinta y dos

40	cuarenta	400	cuatrocientos/cuatrocientas
50	cincuenta	500	quinientos/quinientas
60	sesenta	600	seiscientos/seiscientas
70	setenta	700	setecientos/setecientas
80	ochenta	800	ochocientos/ochocientas
90	noventa	900	novecientos/novecientas
100	cien	1.000	mil
101	ciento uno, un, una	2.000	dos mil
102	ciento dos		
200	doscientos/doscientas	1.000.000	un millón
300	trescientos/trescientas	2.000.000	dos millones

Exam tip

Take care with the spelling of any number containing a 5!

Remember that Spanish uses points (.) where English uses commas and vice versa.

Ordinal

primero/primera	*first*	sexto/a	*sixth*
segundo/a	*second*	séptimo/a	*seventh*
tercero/a	*third*	octavo/a	*eighth*
cuarto/a	*fourth*	noveno/a	*ninth*
quinto/a	*fifth*	décimo/a	*tenth*

Exam tip

Don't mix up *cuarto* (fourth) and *cuatro* (four)!

Object pronouns

These are words in English like **me, him, us, them.** They refer to people or things which are affected by the verb: **I know** *her*, **she doesn't know** *me*.

Direct object pronouns refer to the person or thing that has an action done to it or him (**I see** *her*, **they know** *us*).

Indirect object pronouns show the person indirectly affected by the action (**I send** *her* **a letter; she gives a present** *to them*).

Direct object pronouns

me	nos
te	os
lo, la	los, las

La conozco.	*I know her.*
No me conoce.	*He/She doesn't know me.*

Indirect object pronouns

me	nos
te	os
le	les

Le doy un libro.	*I give him/her a book.*
No les mando dinero.	*I'm not sending them money.*

Exam tip

Object pronouns normally go in front of the verb. However, they go after an infinitive or a positive command. Sometimes an accent is needed.

No quiero verlo.	*I don't want to see it.*
¿Puedes enviármelo?	*Can you send it to me?*
Escríbeme pronto.	*Write to me soon.*

When you use more than one object pronoun, indirect object pronouns go in front of direct object pronouns.

Te lo doy.	*I am giving it to you.*
Quieren decírnoslo.	*They want to tell it to us.*

Opinions

Me gusta.	*I like it.*	Está bien.	*It's fine.*
Me gustan.	*I like them.*	Es fatal.	*It's really awful.*
Me encanta la música.	*I love music.*	Es fantástico.	*It's great.*
Me encantan las películas de terror.	*I love horror films.*	Es muy aburrido.	*It's very boring.*
		Es demasiado caro.	*It's too expensive.*
en mi opinión	*in my opinion*	Es genial.	*It's/He's great.*
a mi parecer	*in my view*	Es asqueroso.	*It's disgusting.*
		No está mal.	*It's OK.*

As in English, words like **guay** (great), **cool**, etc. go in and out of fashion rapidly.

Para and por

Para and **por** can both mean **for**. They are used in different circumstances. Use **para** when you are thinking about the outcome, destination or recipient.

Tengo un regalo para mi hermano.	*I have a present for my brother.*
¿Es éste el autobús para Madrid?	*Is this the bus for Madrid.*
Necesito una pila para mi radio.	*I need a battery for my radio.*
Preparo la comida para mi madre.	*I'm cooking the meal for my mother (she's hungry!).*
Los deberes son para lunes.	*The homework is for Monday.*

Use **por** when you are thinking about the reason behind something, or when you are doing something on someone else's behalf, or changing something.

No podemos salir por la lluvia.	*We can't go out for (because of) the rain.*
Preparo la comida por mi madre.	*I'm cooking the meal for my mother (she's ill!).*
La carretera está cerrada por obras.	*The road is shut for works.*
Le castigaron por su descortesía.	*They punished him for his rudeness.*
Quiero cambiar esta camisa por ésa.	*I want to change this shirt for that one.*

Por also shows the route you take.

El tren va a Barcelona por la costa.	*The train goes to Barcelona via the coast.*

Personality

alegre	*cheerful*	obstinado/a	*stubborn*
ambicioso/a	*ambitious*	optimista	*optimistic*
antipático/a	*nasty*	perezoso/a	*lazy*
divertido/a	*funny*	pesimista	*pessimistic*
encantador/a	*charming*	simpático/a	*nice*
genial	*great*	trabajador/a	*hard-working*
hablador/a	*talkative*	travieso/a	*naughty*
inteligente	*intelligent*	vago/a	*lazy, idle*
listo/a	*clever*		

Exam tip

As a general rule, use *ser* when you are saying what kind of person someone is, and *estar* if you mean how someone seems or is feeling on a particular occasion.

See also   Adjectives, Agreement

Plurals

To make nouns and adjectives plural, the general rule is quite straightforward.

If the word ends in a vowel, simply add **–s**:

la casa bonita (*the pretty house*) → las casas bonitas (*the pretty houses*)

If the word ends in a consonant, add **–es**:

mar azul (*blue sea*) → mares azules (*blue seas*)

Sometimes you will have to be careful about spelling changes and accents.

el lápiz marrón (*the brown pencil*) → los lápices marrones (*the brown pencils*)

Possessive adjectives

These tell you who something belongs to. Like other adjectives in Spanish, they have to agree (masculine or feminine, singular or plural) with the noun (not the person) they refer to.

mi	*my*	nuestro, nuestra	*our*
tu	*your (familiar singular)*	vuestro, vuestra	*your (familiar plural)*
su	*his, her, your (polite singular)*	su	*their, your (polite plural)*

mi amigo	*my friend*
mis amigos	*my friends*
tu perro	*your dog*
su familia	*his/her/your/their family*
sus clases	*his/her/your/their lessons*
nuestras casas	*our houses*
vuestros coches	*your cars*
su casa	*his/her/your/their house*
sus habitaciones	*his/her/your/their rooms*

Exam tip

Take special care over selecting the right word for *your* – are you talking to one person or more than one, familiar or polite?
You can usually work out from the context whether *su/sus* means *his*, *her*, *your* or *their*.

See also   You

Prepositions

These little words which go in front of nouns or pronouns tell you where things are.

en	*in, on*
sobre	*on (more emphatic)*

Notice that the following words need a **de**!

delante de	*in front of*	dentro de	*inside*
detrás de	*behind*	fuera de	*outside*
encima de	*above*	cerca de	*near*
debajo de	*underneath*	lejos de	*far from*

Vivimos **fuera de** la ciudad, **en** el campo.
We live outside the town, in the country.

Exam tip

Don't forget that *de* + *el* becomes *del*.
lejos del instituto   *far from the school*

Problems

el futuro	*future*	la moda	*fashion*
el gamberrismo	*hooliganism*	la piel	*skin*
el paro	*unemployment*	la pobreza	*poverty*
el racismo	*racism*	la violencia	*violence*
el sida	*AIDS*	los ancianos	*the old*
el trabajo	*work*	los exámenes	*exams*
la delincuencia	*crime*	los padres	*parents*
la droga	*drugs*	los profesores	*teachers*
la enseñanza	*education*		

Questions

General

You can often turn a statement into a question simply by putting a question mark at either end of the sentence.

Eres estudiante.	*You are a student.*
¿Eres estudiante?	*Are you a student?*

You can also do this in the middle of a sentence.

Tengo que salir, ¿entiendes?, me voy ahora mismo.
I have to leave, do you understand?, and I'm going right now.

You can also change the order of verb and subject.

¿Tiene usted un pasaporte?   *Have you got a passport?*

Specific

You can use a question word, such as **¿Qué?** (What?), **¿Cuándo?** (When?), **¿Dónde?** (Where?), **¿Cómo?** (How?).

¿Dónde vives?	*Where do you live?*
¿Cómo sabes?	*How do you know?*
¿Qué es eso?	*What's that?*
¿A qué hora sale el tren?	*What time does the train leave?*

Who? has two forms, singular and plural.

¿Quién es usted?	*Who are you?*
¿Quiénes son aquellas chicas?	*Who are those girls?*

Exam tip

All question words in Spanish have an accent. You need the accent even in an indirect or reported question.

Me preguntaron dónde vivía. *They asked me where I was living.*

Take special care over *¿Por qué?* (Why?) – two words, accent – and *porque* (because) – one word, no accent.

¿Por qué no comes carne? *Why don't you eat meat?*
– Porque soy vegetariano. *– Because I'm a vegetarian.*

Reading material

el libro	*book*	el periódico	*newspaper*
la novela	*novel*	la revista	*magazine*
el cuento	*story*	el tebeo	*comic*

Exam tip

Remember that *library* is *la biblioteca* – *la librería* is *bookshop*!

Reflexive verbs *see Verbs – reflexive*

Relative pronouns

The word *que* (who, which, that) can link clauses to form a single sentence and does not have an accent when used in this way.

El hombre **que** canta en el coro es mi profesor.
The man who sings in the choir is my teacher.

Necesito la llave **que** abre el armario.
I need the key that opens the cupboard.

Ésa es la chica **que** conociste anoche.
That's the girl you met last night.

Spanish also has a relative adjective *cuyo* (whose), which agrees with the following noun.

Ésa es la chica **cuyos** padres viven en Sudamérica.
That's the girl whose parents live in South America.

School

la escuela	school (in general or primary)	las notas	marks
el instituto	secondary school	el castigo	punishment
el colegio	private school, college	la asamblea	assembly
		el español	Spanish
la universidad	university	el inglés	English
el alumno/la alumna	pupil	los idiomas	languages
el/la estudiante	student	la literatura	literature
el profesor/la profesora	teacher	la religión	religious studies
		la geografía	geography
la (sala de) clase	classroom	la historia	history
la clase	lesson	la música	music
el laboratorio	laboratory	el teatro	drama
el campo (de fútbol)	(football) pitch	el dibujo	art
		las ciencias naturales	science
el aula (f.)	hall, classroom	la física	physics
el gimnasio	gym	la química	chemistry
la sala de los profesores	staffroom	la biología	biology
		la informática	IT
el pasillo	corridor	las matemáticas	maths
el director/la directora	head teacher, principal	aprobar	pass
el despacho	study	fracasar	fail
la oficina	office	examinarse en ...	take an exam in ...
la biblioteca	library	repetir un año	repeat a year
la asignatura	subject	suspenso	'fail'
los deberes	homework	aprobado	'pass'
la tarea	assignment, work set	notable	'merit'
		sobresaliente	'distinction'

Seasons see Months of the year and seasons

36

Shopping

la tienda	*shop*	la pastelería	*cake shop*
el almacén	*store*	la confitería	*sweet shop*
el estanco	*shop for tobacco, stamps*	la farmacia	*chemist's (for medicines, etc.)*
el quiosco	*kiosk*	la droguería	*chemist's (for toilet articles, etc.)*
el mercado	*market*		
el puesto	*stall*	la papelería	*stationer's*
el centro comercial	*shopping centre*	la librería	*bookshop*
		la carnicería	*butcher's*
el supermercado	*supermarket*	la pescadería	*fishmonger's*
el hipermercado	*hypermarket*	la florería	*florist's*
la panadería	*baker's*	la verdulería	*greengrocer's*

Exam tip

Farmacia does *not* have an accent!

Spanish has many ways of referring to grocery shops, including the following.

la tienda de ultramarinos
el alimento   *(literally 'food')*
el colmado   *(especially in Catalonia)*

Also useful:

la sección	*department*	comprar	*buy*
la planta baja	*ground floor*	vender	*sell*
el sótano	*basement*	probar	*try*
el ascensor	*lift*	probarse	*try on*
la caja	*checkout, till*	devolver	*take back*
el mostrador	*counter*	cambiar	*change*
el escaparate	*shop window*	el probador	*changing room*
la marca	*brand*	la talla	*size*
el precio	*price*	Me queda bien.	*It suits/fits me.*
la ganga	*bargain*	¿Qué número calza?	*What size shoes do you take?*
las rebajas	*sales*		
caro	*expensive*		
económico	*inexpensive*	Voy a consultar.	*I'll think about it.*
barato	*cheap*		

See also   Town, Money

Spelling

Spanish spelling is relatively straightforward. The general rule is that the spelling follows the pronunciation. However, here are a few points worth remembering.

Don't write **z** in front of **e** or **i** – use **c** instead.

> cero (*zero*), cebra (*zebra*)

Some words will change spelling in certain forms.

> lápiz (*pencil*) → lápices (*pencils*); empiezo (*I begin*) → empecé (*I began*); diez (*ten*) → dieciséis (*sixteen*)

To keep a **g** hard in front of **e** or **i**, write **gu**.

> pagar (*to pay*) → pagué (*I paid*); llegar (*to arrive*) → llegué (*I arrived*)

A **k** sound in front of **a, o, u** is written **c**. You have to write **qu** in front of **e** or **i**.

> catorce (*fourteen*), comida (*lunch*), cuñado (*brother-in-law*)

> quedar (*to stay*), quince (*fifteen*)

A **kw** sound is always written **cu**.

> cuatro (*four*), cuento (*story*), cuestión (*question, matter*)

Exam tip

Remember the CaRoLiNe rule! Spanish only allows the following double consonants – *ll, rr, cc, nn* – and only when the pronunciation requires them. llamar (*to call*), perro (*dog*), diccionario (*dictionary*), innecesario (*unnecessary*)
Never write a double *s*!
Remember that Spanish has many nouns which end in *–ión*. Don't forget to drop the accent when you make these nouns plural.
la habitación (*room*) → las habitaciones (*rooms*)

See also   Plurals, Accents

Sport

los deportes	*sport*	Me gustan los deportes.	*I like sport (in general).*
el juego	*game*	el equipo	*team*
el partido	*match*		
el fútbol	*football*	la equitación	*horseriding*

el béisbol	*baseball*	los billares	*billiards, snooker*
el baloncesto	*basketball*	el tenis	*tennis*
el balonred	*netball*	el boxeo	*boxing*
el ciclismo	*cycling*	el piragüismo	*canoeing*
la natación	*swimming*	el (juego de) volante	*badminton*

Exam tip

Remember that *to play a game* is *jugar a* but *to play an instrument* is *tocar*.
Practicar can also be used for *to go in for (sports)*.

Juego al fútbol.	*I play football.*
Toco la guitarra.	*I play the guitar.*
Practico el ciclismo.	*I go in for cycling.*

See also
Free time – going out

Subject pronouns

These are words like **I, we, you, he, she** which are used to show the subject of the verb. These pronouns are not normally necessary in Spanish, as the verb ending itself usually tells who the subject is. Sometimes, however, subject pronouns are needed for clarity or emphasis.

1	yo	*I*	nosotros/as	*we*
2	tú	*you (familiar, singular)*	vosotros/as	*you (familiar, plural)*
3	él	*he*	ellos/ellas	*they*
	ella	*she*		
	usted	*you (polite, singular)*	ustedes	*you (polite, plural)*

Yo soy inteligente pero tú eres estúpido.	*I am intelligent, but **you** are stupid.*
Lo hicimos nosotros.	***We** did it.*

Tú meaning **you** has an accent; *tu* without the accent means **your**.

¿**Tú** tienes **tu** dinero?	*Have **you** got your money?*

After a preposition, *yo* changes to *mí*, and *tú* changes to *ti*.

¿Es el regalo para **mí** o para **ti**?	*Is the present for you or for me?*

Note that *mí* has an accent here (or else it means **my**), whereas *ti* never has an accent.

Exam tip
Remember that *usted/ustedes* need a third-person verb!

Television

el televisor	*television set*	la telenovela	*serial*
la televisión	*TV*	el culebrón	*regular soap*
el programa	*programme*	el drama	*play*
la cadena	*channel*	la película	*film*
los anuncios	*adverts*	la comedia	*comedy*
los dibujos animados	*cartoons*	el concurso	*gameshow*
el noticiario	*news bulletin*	el deporte	*sport*
las noticias	*news*	ver la televisión	*to watch TV*
el documental	*documentary*	el vídeo	*video*
el pronóstico del tiempo	*weather forecast*	la cinta	*tape*
		grabar	*to record*

Time

No tengo tiempo.	*I haven't got time.*
la vez	*time (occasion)*
Esta vez vamos en coche.	*This time we're going by car.*
dos veces	*twice*
la hora	*time (by clock)*
¿Qué hora es?	*What's the time?*
Es la una.	*It's one o'clock.*
Son las dos.	*It's two o'clock.*
... y media	*half past ...*
... y cinco	*five past ...*
... y pico	*just after ...*
... y cuarto	*quarter past ...*
... menos cuarto	*quarter to ...*
... menos cinco	*five to ...*
... menos algo	*just before ...*
... en punto	*exactly*
¿A qué hora ... ?	*(At) what time ... ?*
a la una	*at one o'clock*
a las dos	*at two o'clock*
a eso de las cinco	*at around five o'clock*
de la mañana	*a.m.*
de la tarde/ noche	*p.m.*

| de la madrugada | in the early hours |
| Me acosté a las tres de la madrugada. | I went to bed at three in the morning. |

Exam tip

In transport timetables, entertainments, etc., Spanish uses the 24-hour clock.
La sesión empieza a las veintidós treinta.
The performance starts at 10.30 p.m.

Town

el aeropuerto	*airport*	la estación	*station*
el aparcamiento	*car park*	la estación de	
el ayuntamiento	*town hall*	autobuses	*bus station*
el castillo	*castle*	la estación de	
el estadio	*stadium*	trenes	*railway station*
el multicine	*multi-screen cinema*	la iglesia	*church*
el museo	*museum*	la oficina de Correos	*post office*
el parque	*park*	la oficina de	
el polideportivo	*sports centre*	turismo	*tourist information office*
la biblioteca	*library*		
la calle mayor	*high street*	la piscina	*swimming pool*
la capilla	*chapel*	la plaza	*square*
la catedral	*cathedral*	la tienda	*shop*
la comisaría	*police station*		

Travel, transport and tickets

el autobús	*bus*	el tren	*train*
el avión	*plane*	ir en coche	*go by car*
el barco	*boat*	ir a pie	*go on foot*
la bicicleta	*bicycle*	viajar	*travel*
el camión	*lorry*	el billete	*ticket*
la camioneta	*van*	el billete de ida y vuelta	*return ticket*
el coche	*car*	el horario	*timetable*
el metro	*underground train*	la taquilla	*ticket window*
la moto	*motorbike*		

Verbs – simple tenses

Present tense

You use the **present tense** for something going on at the moment. The regular forms are as follows.

comprar (to buy)

compro	*I buy*
compras	*you buy (familiar, singular)*
compra	*he, she buys; you buy (polite, singular)*
compramos	*we buy*
compráis	*you buy (familiar, plural)*
compran	*they buy, you buy (polite, plural)*

vender (to sell)

vendo	vendemos
vendes	vendéis
vende	venden

vivir (to live)

vivo	vivimos
vives	vivís
vive	viven

The **present continuous tense** may be used to emphasise that something is actually in progress. This is formed with **estar** and a form of the verb called the gerund, corresponding to the English *–ing*. The gerund does not change with the person.

estoy ...	*I am ...*	comprando	*buying*
estás		vendiendo	*selling*
está		viviendo	*living*
estamos			
estáis			
están			

Niños, estoy hablando por teléfono.   *Children, I'm speaking on the phone.*

Preterite tense

This tense says what someone did on a particular occasion or for a specified time – it suggests the beginning and end of an action.

compré (*I bought*)	compramos
compraste	comprasteis
compró	compraron

vendí	vendimos
vendiste	vendisteis
vendió	vendieron

viví	vivimos
viviste	vivisteis
vivió	vivieron

Note that **–er** and **–ir** verbs share the same set of endings.

The verbs *ir* (to go) and **ser** (to be) share a special preterite. Learn it carefully.

fui	fuimos
fuiste	fuisteis
fue	fueron

Exam tip

You will need to use the preterite a lot when you write or say what you did in a letter or essay, or when you went somewhere.
The verb *to go* is obviously very useful. Don't mix up *fui* (I went) and *fue* (he/she went)! Easily done – a common exam mistake!

Imperfect tense

The **imperfect tense** is used for repeated or incomplete actions in the past. It tells what you were doing, or used to do.

compraba	comprábamos
comprabas	comprabais
compraba	compraban
vendía	vendíamos
vendías	vendíais
vendía	vendían
vivía	vivíamos
vivías	vivíais
vivía	vivían

Again, **–er** and **–ir** verbs share the same endings.

Ir and *ser* have irregular imperfects: *iba* and *era*.

Exam tip

The first and third person endings are the same, so sometimes, to make clear who was doing the action, you can use *yo* or *él, ella, usted*.
Yo compraba el pescado que ella vendía.
I used to buy the fish she was selling.

See also   Subject pronouns

Verbs – compound tenses

Compound tenses are formed in the same way as in English. You use a form of the verb **to have** (*haber*) and a past participle. The most common compound tenses in Spanish are the **present perfect** (present tense of *haber* + past participle) and the **past perfect** (or **pluperfect**) (imperfect tense of *haber* + past participle).

he (*I have ...*)	hemos	
has	habéis	
ha	han	comprado (*bought*)
		vendido (*sold*)
había (*I had ...*)	habíamos	vivido (*lived*)
habías	habíais	
había	habían	

The past participle (*comprado, vendido, vivido*) never changes.

Exam tip

Only use the present perfect when you want to say, for example, *I have bought* (*he comprado*). If you want to say *I bought*, use the preterite (*compré*). Don't confuse *haber* with *tener*. *Haber* is only used to form other tenses. For other meanings of *to have*, use *tener*.

Verbs – reflexive

These are used when you are doing something to yourself (washing, dressing, etc.). In English, we often use the word **get** with these actions. Spanish uses a reflexive pronoun in front of the verb.

me lavo	*I get washed*
te lavas	*you get washed (familiar, singular)*
se lava	*he/she gets washed; you get washed (polite, singular)*
nos lavamos	*we get washed*
os laváis	*you get washed (familiar, plural)*
se lavan	*they get washed; you get washed (polite, plural)*

Exam tip

When you find the infinitive of a reflexive verb (for example, in a dictionary), the pronoun is tacked on the end – *lavarse* (to get washed). You must remember to change the *–se* to the appropriate reflexive pronoun and put this in front of the verb if you are not using the infinitive (but after if you are).

No me lavo ahora – voy a lavarme más tarde.

I'm not getting washed now – I'm going to get washed later.

Verbs – root changing

Some verbs change their root vowel when this is stressed, especially in the present tense. *E* becomes *ie* and *O* becomes *ue*. Verbs of all groups, *-ar*, *-er* and *-ir* can be affected. Here are some examples.

pensar (*think*)	**querer** (*want*)	**preferir** (*prefer*)
pienso	quiero	prefiero
piensas	quieres	prefieres
piensa	quiere	prefiere
pensamos	queremos	preferimos
pensáis	queréis	preferís
piensan	quieren	prefieren

contar (*count*)	**poder** (*be able*)	**dormir** (*sleep*)
cuento	puedo	duermo
cuentas	puedes	duermes
cuenta	puede	duerme
contamos	podemos	dormimos
contáis	podéis	dormís
cuentan	pueden	duermen

Weather

el clima	*climate*	Hace (mucho) sol.	*It's (very) sunny.*
el tiempo	*weather*		
¿Qué tiempo hace?	*What's the weather like?*	Hay niebla.	*It's foggy.*
		Hay viento.	*It's windy.*
Hace buen tiempo.	*It's fine.*	Hay tormenta.	*It's stormy.*
Hace mal tiempo.	*It's bad weather.*	Hay nubes.	*It's cloudy.*
		Llueve. (a cántaros)	*It's raining (cats and dogs).*
Hace (mucho) frío.	*It's (very) cold.*		
Hace (mucho) calor.	*It's (very) hot.*	Nieva.	*It's snowing.*
		Hiela.	*It's freezing.*

Exam tip

To talk about what the weather was like, for example, during your holidays, etc., use the imperfect tense for a general description.

Todos los días hacía calor y no había nubes.
Every day it was hot and there weren't any clouds.
En Inglaterra, llovía siempre. *In England, it was always raining.*

You

Spanish has different words for **you** to clarify whether it is one person or more than one, and whether you are speaking familiarly (for example, to a friend or friends) or politely and more formally (for example, to strangers or to show respect).

The familiar forms for **you** are *tú* (singular) and *vosotros/vosotras* (plural). They take second-person forms of the verb. Of course, the words *tú* and *vosotros/vosotras* are often missed out, as the verb form itself makes the subject clear.

Tú compras muchas revistas, Juan.	*You buy a lot of magazines, John.*
Vosotros compráis muchas revistas, amigos.	*You guys buy a lot of magazines.*

The polite forms are *usted* (singular) and *ustedes* (plural). For historical reasons, these take third-person forms of the verb! Take care!

¿Vive **usted** aquí, señor?	*Do you live here, sir?*
¿Viven **ustedes** aquí, señores?	*Do you live here, sir, madam?*

Usted and *ustedes* are sometimes abbreviated in writing to *Vd* and *Vds* (or *Ud* and *Uds*).

Exam tip

Remember to use the appropriate form for *you* in your letter writing!

Z

Never follow **z** with an **e** or **i** – use **c** instead!

cebra	*zebra*
cero	*zero*
una vez	*once*
muchas veces	*often*